빨간 우체통

빨간 우체통

2025년 10월 17일 초판 1쇄 인쇄 발행

지은이	강호분
펴낸이	박종래
펴낸곳	도서출판 명성서림

등록번호	301-2014-013
주소	04625 서울시 중구 필동로 6 (2, 3층)
대표전화	02)2277-2800
팩스	02)2277-8945
이메일	msprint8944@naver.com

값 10,000원
ISBN 979-11-7439-045-5

본 책의 구성 및 맞춤법, 띄어쓰기는 작가의 의도에 따랐습니다.
이 책의 저작권은 저자와 도서출판 명성서림에 있습니다. 무단 전재 및 복제를 금합니다.
이 책 내용의 일부 또는 전부를 재사용하려면 반드시 저자와 도서출판 명성서림의 동의를 얻어야 합니다.
파본은 구입처에서 바꾸어 드립니다.

빨간 우체통

강호분 시집

도서출판 명성서림

시인의 말

　새벽에 주로 눈을 뜬다.
　옥상에 올라가서 고속도로 불빛 네온사인이 먼 길 떠나려 달리는 자동차에 길을 밝혀준다.
　난 새벽 캄캄한 도시에서 많은 생각을 한다.

　사노라면 어느 때는 한 치 앞도 보이지 않는 길을 갈 때가 있다.
　그때마다 어둠 속 세상에 글을 쓴다.
　희망이 보이는 글 어둠 속에서 한 줄기 빛을 따라 세상을 살아가는 힘 용기 밝은 세상보다 깜깜한 세상에서의 인생을 설계한다.

　난 엄마 없는 하늘 밑에서 소중한 것을 잃어 버리고 좌절하고 인생에 빛이 보이지 않을 때 가슴을 피나게 할퀴며 답을 찾아 헤맸다.
　문득 매일매일 습관처럼 기록하는 일기장을 보며 '글을 써 보자'라고 생각한 지 십 년이란 시간이 지나갔습니다.

　글을 쓰며 모든 사람의 인생을 글로 쓰게 되었습니다.

글을 쓴다는 것은 큰 능력이 있는 것도 아닙니다. 느낌 그대로 표현하고 사물을 그때그때 쓰다 보니 이 자리에 와 있습니다.

아직은 부족한 게 많은 사람입니다. 어느 날 발길 닿는 곳에서도 쓰고 군중 속에서도 각자 인생을 노래로 표현하듯 저는 글로써 인생을 그립니다.
아직은 더 좋은 글을 쓰려고 노력하고 있습니다.

모두 세상에 태어나면 주어지는 세상이 무대라고 합니다. 어떻게 무대를 활용해서 자신의 이름을 알리고 개발하고 멋진 인생에서 후회 없는 삶을 여러분도 창조하세요. 응원하겠습니다.

이번에 임채화 대표님의 많은 도움으로 여러분 곁에 다가갈 수 있었습니다.
앞으로 위로가 되는 글 용기 내는 글로 찾아뵙겠습니다. 감사합니다.

여행지가 그녀를 기다리고 있다

무언가 생각나는 시간이 참 멀리도 지나왔다.
언제나 살아가는 모습에서 꿈과 희망을 부르는 그녀
남들과 똑같은 삶의 이야기가 그녀에게는
젊은 시절을 끌어내고 새로운 삶을 향해 달려가는
그녀는 이제 와서야 깨달음을 얻는다.
잘났든 못났든 자식과 남편에 대한 사랑은
어린 꽃사슴처럼 그녀 품에서 자랐으니 행복하기를….

세상 살아가는 모습은 어떤 모습이든지
아프고 쓰리고 굴곡 많은 사연을 다독이며
기쁨과 아름다운 모습으로 마음 구석에 담을 것이다.
오랜 세월 잡힐 듯 잡을 수 없는 인생 역전

그녀가 아름다운 빛을 앞으로 발사하며
자식을 출가시키는 희망에 새로이 탄생하듯
아직은 미숙하지만, 그 힘은 성장해 나가는 데
커다란 희망이 될 것이다.

새로운 글맛과 항상 시작과 끝에 그녀는
남편과 떠나는 여행지가 그녀를 기다리고 있다.
참 열심히 살아가는 강호분 시인을 소개하게 되어
기쁘다. 많은 분의 사랑을 듬뿍 받으시길 바라며....

    종합문예지 시와창작 발행인 임채화

1

어느새 그리움은

빨간 우체통	14
낯선 찻집	15
그리움	16
내 마음	17
서서 사는 여자	18
안개 속 불빛	19
천성	20
어느새 그리움은	22
내 발소리	24
빗소리는 내 마음	25
길	26
간이역	28
엄마의 평야	30
하루의 여정	32
친할머니	33
닮은 꼴	34
오만과 편견	35
마음 풍차	36
잠시 멈춰 서서	37
장독대 추억	38

2

추억의 발자취

이른 새벽	42
산다는 것	43
가을엔	44
동네 이발소	45
오빠 생각	46
추억의 발자취	48
지팡이	49
사노라면	50
물빛 그리움	51
부부의 관계	52
오월의 행렬	54
모래 탑	55
역마살	56
봄	58
커피 한 잔	59
아들 어깨	60
피는 못 속인다	62
봄 추억	63
편지	64

3

삶의 길목

갈증	68
둥글게	70
로또 복권	71
젊은 스님	72
가는 시간과 세월	73
꽃보다 할매	74
늙은 여인	76
엄마의 김치	78
안개꽃	79
사랑의 유효 기간	80
나를 닮은 너에게	81
복잡할 때는 쉬자	82
아버지의 마음	83
봄봄봄	84
도심에서 외출한 꽃물	86
바람 부는 날에는	87
시간에 기대어 삶을 짓다	88
삶의 길목	89

4

가을비에 젖는다

봉숭아 꽃물	92
깃털 같은 삶	93
내 그림자	94
버선목	95
스치는 추억	96
아내의 빈자리	97
여로	98
시간에 기대어 삶을 짓다	99
시간의 늪	100
봄비와 아침	102
전망 좋은 집	104
바람꽃	106
가을비	107
아내의 빈자리	108
오늘따라 생각나는 사람	109

5

시간 속에서

빈 가슴	112
찔레꽃 찻집	113
시간의 톱	114
도시의 탈바꿈	116
시간 속에서	118
낯익은 추억	119
굴레	120
가을비에 젖는다	121
억새풀	122
석양	123
나는 상을 탄다	124
글은 감동을 준다	125
우리 집 1등 아빠다	126
행복하게 살아가는 이유	128
잘 살기 위한 노력파는 산다	130

1부

어느새 그리움은

빨간 우체통

엽서 한 장 보낼 곳도 없는데
멈춘 발걸음 지나치다
빨간 우체통을 바라본다

쉼 없이 달려온 시간
마음속으로 생각했던 그리움
이름만 불러도 눈시울 적시던
그리운 얼굴이 아롱거린다

예전에는 그랬다
잔잔히 울리는 기타 줄처럼
날마다 하나씩 늘어나는
익숙한 노랫가락의 정겨움

편지에 담아서 어디론가
보내고 싶은 설렘
온종일 꽁꽁 튀는 걸 보니

어느새
추억이 나를 흔들며 서성인다.

낯선 찻집

어쩌다 내린 낯선 동네
낯선 찻집
유리문 열고 들어서자마자
짙은 커피 향
온몸을 감싸안는다

주문한 커피는
빨간 머그잔 위에
젊은 날의 낯익은 얼굴
잔잔한 파문을 일으키더니
이내 고요히 잠긴다

낯선 곳에 부딪히며
에코처럼 돌아온 설렘
맨살의 호기심이
이방인의 입술을 적시는
커피 맛에 빗물처럼 녹아내린다

그리움

불현듯 어디론가
떠나고 싶을 때가 있다

커피색처럼 무거워진 내 마음
하얀 뭉게구름처럼 피어오른
수줍은 그리움

나팔꽃도 창공을 향해
미소 짓듯 노래 부른다

다시 하루해가
무심히 기울자 속절없이
정정해진 초라한 모습 닮은

석양빛도 예쁘게 물든다

내 마음

마음이 복잡한 날이면
내 마음 불쑥 꺼내서
깨끗이 닦고 싶어라

다 털어 낸 마음
향기로운 속삭임 그 유연제
한 스푼 넣어 준다고
예쁜 향기가 솔솔

사람도 예쁘게 익어야
한다는 것을
덜 익은 사람은
쓰리고 아프다는 것을

흐르는 물은
그 자리에 있지 않고
흘러가야만 한다는 것을
왜 몰랐을까

서서 사는 여자

아침부터 저녁까지
잠시도 앉을 새 없이
온종일 서서 사는 여자

달그락달그락
누룽지 굽는 쇠판 소리
압력솥 김 빠지는 소리
허구한 날 이른 새벽
동네 골목 정적을 깬다

가끔은 내 가게로 불러
칼국수나 김치전 부쳐
가족처럼 나눠 먹기도 하던
찌든 삶을 수다로 감추고 사는
초로의 아줌마

하루 종일 그칠 새 없는
누룽지 쇠판 닦는 소리
오늘 비 오듯 흘린 땀 훔치며
온종일 서서 누룽지 굽는 여자

그래서 구수한 삶을 먹는다

안개 속 불빛

안개가 바람 타고
새 날개처럼 펄럭이니
어느새 구름이 움직이며
비가 내리며 노래 부른다

맑은 하늘은
어둠의 그물을 덮고
마술처럼 구름을 감추어 버리며

구름과 하늘
밝음과 어둠 사이를 왕래하면서
주어진 시간을 즐긴다

안개는 향불처럼
지상으로 스며들면서
하늘에 별무리가 빛깔 고운
비단처럼 춤을 추고 있다

천성

나를 반기지 않는 사람과는
말 섞지 않는 못된
성격이 별종이겠구나
그래서 사람 관계가 어려웠고
살기가 힘들었다

또한 결벽증까지도
못된 오만과 이기심이었을 것이다
의지보다는 감정이 강하여
어쩔 수 없었다
네가 만약 천성을 바꾸어
남이 싫어하는 짓도 하고

내가 싫은 일도 하면
조금이라도 편하게 살았을까
생각해 본다
그러나 네 삶이
내 탓만은 아닌 것을 나는 안다

이제는 외로움에도 이골이
났기 때문이다
이것 또한 천성이었을까
어린 시절 마음에 상처가
잊을 만하면

나를 뒤흔들고 지나간다

어느새 그리움은

세월의 뒤안길에서
기억나는 모든 날이
유난히 그립다
시간의 흔적들이 아려 온다

추억이 많이 쌓인 곳
수업 시간 창밖보다
혼났던 그 시절이 그립다

사람에 대한 깊이보다
철없던 말장난에
재미있어하던 건 아닌지

조용하고 넉넉한 마음에
그 미소가 생각나고
옆에 있어도 없는 듯한
편안했던 친구가 그립다

어느새
그리움은 노을처럼
사라지고 애달픔만
마음속을 흔든다.

내 발소리

조금만 느려도 들릴 듯
말 듯 나의 발자국 소리
귀에 들리면 숲속의 바람이
속삭이며 다가온다

밟혀도 다시 일어서는 풀잎
조금만 건드려도 향내 풀풀
아무리 호젓해도
멀리서 들려오는 새소리

내 귀에 들리면
아차 하는 순간 길이야 잃겠지
걷기 좋은 둘레길 계단 오르니
어느덧 낯선 길도

한 발 한 발 발걸음 힘이 차오며
어느덧 몸도 마음도 정화되어
길목 야생화가 방긋 웃는다

빗소리는 내 마음

우산 위로 빗물이
떨어진다
툭툭 너무 좋은 소리
마음에 고동이 친다

빗물이 나의 마음에
들어와 멜로디로
울려 퍼진다

그 누구도 내 마음 문을
열지 못했던 시간 속에
오로지 우산 위로
떨어지는 빗소리가
나를 깨운다

짝사랑의 그리움도
허무하게 가버리며
사랑이란 꿈도 꾸기 전에
흩어져 버리고

거센 빗줄기만이
내 마음의 풍금이었다

길

늙은 나무에서 떨어진 잎사귀
언덕길 넘어가며
옆도 보지 않는 채
바람 따라 달려간다
가다 서기를 반복하는
바람에 가진 엉킨 잎사귀들
서로 풀어내느라
느릿느릿 걸어간다

가지에 잎 돋아날 때
봄날의 따듯함을 몰랐고
장마의 지루함을 이겨가며
숨소리도 조용하다

한꺼번에 떨어져 흩어진 작은 잎새
길은 아주 조용한 길뿐이다
오는 길을 모르는 것은 아니지만
그 길은 되돌아올 수 없는 길

가는 길만 있을 뿐
배웅하지 못하는 나무는 서서
바람 앞에 말문을 잃어버리고
낙엽은 먼저 바람에 앞장선다

간이역

내 마음속에는 아직도
레일이 살아 숨 쉬고 있다
한 가슴 숯덩이지만
감당하고 있다

뼈마디마다 아파 오는 통증도
나의 영혼은 자꾸 아름다운
추억 속으로 세월을 타고
궤적을 달리고 있다

설렘으로 오가는 기적 소리
오래전에 녹슬었던 가슴을
활짝 열고 소리쳐 본다

굽이굽이 돌아 돌아가는 삶
흩어진 시간의 퍼즐 조각들
찾아서 하나둘 맞추어 본다

매일 허물 벗는 뱀처럼
살아온 나의 그림자
휴식하듯 길게 누워 있고

목을 뺀 해바라기의 긴 선
바람에 기다림마저
귀 기울인 외로운 간이역

외로운 플랫폼 인기척
그리운 향수 가득한
한낮이 졸고 있다

엄마의 평야

자식에게 엄마는
넓은 평야다
모든 것을 껴안아 주는
평야다
열 손가락 어느 손가락
하나라도 모두 소중하다

엄마는
잘 구워진 고등어
살 발라 자식 입으로
머리는 언제나 엄마 몫

어느 날
빨랫줄에 걸린 예쁜
속옷 깜짝 놀라면서
우리 엄마도 예쁜 옷
입을 줄 아시는구나

바람 부는 빨랫줄 따라
보며 눈물이 핑 돈다
엄마는 자식에게
언제나 넓은 평야다

하루의 여정

하루 삶 속의 일탈이다
낯선 곳이다
무엇을 얻으려는 게 아니며
가는 시간에 아쉬움이랄까

동네 한 바퀴 도니 넓은
갯벌에 바람이 시원하다
갯벌에 부는 바람으로 헝클어진
머리가 나부낀다

어느 날 문득
산다는 게 버거울 때도 있어
일상에서 탈출해 잠시 쉼이다
무엇을 얻어 갈까

별것 없는 인생사
얻는 것도 잃는 것도
모두 순간인 것을
억울할 것도 하나도 없다

언덕에 갈대가 휘날리며
추수 끝난 들녘이 쓸쓸하다

친할머니

작은 몸매 깡마른 모습
어느 날 저녁노을 질 무렵
무심코 하신 말
시간이 바람같이 간다며

긴 한숨 내쉬면
눈 속에 초점이 흔들릴 때
할머님의 일생이
순간 속절없이 지나간 것일까

어느 날 문득
할머니 생각하니
나도 이제는 시간이 바람같이
지나가는 것을 알게 되었다

그때는 몰랐던 기억들

닮은 꼴

우리 아버지는 대머리다
이리 보고 저리 봐도
아버지의 아들도 대머리다

잠잘 때 모습도 같다
어쩜 핏줄은 속일 수가 없다
꿈을 꿀 때도 똑같다

내가 아버지를 닮았나
아버지가 나를 닮았나
지금도 집안 수수께끼다

누가 뭐래도 난
우리 집안 대대로 물려받은 핏줄
아버지 아들이다

오만과 편견

사람은 자신만의 생각으로
사람이 사람에게 상처를 준다는 것을 모른다

참 안타까운 악연이 아닐 수 없다
사람들은 얼마나 더 살아야 고운 향기로
피어오를 수 있을까

오만과 편견 시간 속에서
빠져나오니 세상 모두
움직이지 않는 게 없다
또 움직이는 삶이 살아가는 인생이다

서로 마주 보며 웃고 지내온 시간들
육신의 상처는 세월이 지나면 낫겠지만
마음에 받은 상처는 낫다가도
더 나을 것이 없다

사람의 마음은 때론
오만과 편견으로 살아가면서
왜 다르냐고 묻고 외치고 싶다

헛웃음이 나를 바라본다

마음 풍차

먼 수평선을 바라본다
망망대해의 끝
보이지 않는 수심이 눈에 들어온다

무슨 생각을 해도
아득한 긴장이 뭉치고
언젠가 떠났던 그녀가
나를 잡는다

이미 오래전에
멍든 가슴 잊었는데
또 말없이 다가온다
혼자가 되어 버린 너는

바다는 더 거세게 소리친다
하얀 거품 토해 내듯
엉엉 울며 가 버린다

잊고 싶던 바람과 함께

잠시 멈춰 서서

잠시 멈춰 서서 나를 뒤돌아본다
이제는 돌아갈 수 없는 시간 앞에서
시인의 마음으로 숙연해진 모습

한참을 돌고 돌아온 그 자리
목감천에 흘러가는 물 위로
원앙 한 쌍이 평화롭다

잠시 멈춰 서서
시간의 무상함 속에 자리 잡고
마냥 바라보던 시간들

어느덧 저녁노을이
마음 안으로 붉게 물들어 서서히 지고 있다

강하게 존재하는 삶
먼 길을 달려온 하루가
잠시 멈춰 서서 나를 부르고 물러갔다

그 시간
너와 함께 나도 웃으며 달려간다

장독대 추억

오래도록 그리워하던 날
아내의 마음이 가지런히
놓인 장독대

짧은 인연으로 만나
부부로 살아가며 늘 가지런한
장독대는 보물창고였다

보글보글 된장찌개
이젠 맛조차 희미해진 맛
순간 짧았던 조강지처의 이야기
한순간의 추억

그리움이 뭔지 몰랐던
미련한 사랑은 나비가 되어
날아가 버렸다

긴 시간 추억 하나둘 조금씩 사라질 무렵
두 쌍의 나비가 장독대 머물다
높은 창공으로 날아가 버렸다

빨간 우체통

2부

추억의 발자취

이른 새벽

이른 새벽이다
잠자는 숲을 하늘이 껴안는다
멀리서 하나둘씩
불이 켜지며 아침을 연다

새벽을 달리는 사람들은
아직 꿈속을 헤맬 때도
지금이 아니면 안 되는
새벽을 여는 사람들이 있다

버스 정류장에는 눈 비비며
하루를 시작하는 사람들이 모여
오늘이 있어 고달픔을 잊고
내일의 행복을 꿈꾸며

또다시 삶의 현장이 시작된다

산다는 것

모르면 몰랐을 세상
오늘에서야 알고 나니
모르고 살았더라면 편했을까

눈 뜨면 흐트러짐 없는 삶도
만족해서 사는 것은 아닌데
어느 때는 나도 저 사람과 함께
어울릴 수 있을까

시간은 어떻게 쓰느냐에
빠르고 느림인 것 같다
산다는 것은 고달픔이지만

살아 숨 쉬는 것은
세상 우주를 천천히 엿보는 것이다

가을엔

가을엔 맑은 인연 하나
곁에 두고 싶다
볏짚 타는 연기는
향기로 변하고
갈색 평상에 앉아
따듯한 차 한 잔 마실
그런 인연이 그립다
산등성이 억새풀이
은빛 머리 휘날리고
어디선가 미풍이 불어와
머리를 헝클인다
가을이 가기 전에
빈 들녘을 빈 가슴으로
껴안아 담는다

동네 이발소

어린 시절 아버지께서는
늘 내 손을 잡고
동네 남자 이발소로 데리고 가셨다
의자에 깔판을 깔고 앉으니
거울 속에 비친 내 모습은
빨갛게 뺨이 달아올랐다
빠른 손놀림으로
어느새 나의 머리카락은
바닥에 떨어졌다
생뚱맞은 상고머리는
여자인지 남자인지
너무나 창피했다
지금도 남자 이발소를 지나칠 때마다
그 시절의 기억이 떠오른다.

오빠 생각

오빠는 아버지의 아들이며
한 분뿐인 오빠다

하늘 아래 두 남매는
말을 하지 않아도 함께한
시간들 속에서 남들 모르는
깊은 가슴 속은 꺼내지 않을 뿐
묵묵히 타고난 팔자대로 살아왔다

익어 가는 과일에도 향기가 나지만
하나뿐인 동생을 사랑하는 마음에서도
향기가 난다

꽃다운 학창 시절에도
우리 남매는 암울한 시간 속에서도
자신과의 싸움의 연속이었다

생각하면 잘 버티어 주었다
오빠는 지금 아버지의 나이만큼 되었고
어린 동생 힘들 때
보듬어 주지 못한 것에 자책하며
견디기 힘들 때도 내 곁에서
나를 지켜 주시던 오빠의 마음을
지금도 나는 가슴 한쪽이 시리다.

추억의 발자취

초등학교 시절
검정 고무신 책가방 메고
배 꺼져라 달리던 운동장
귀 따가울 정도로 떠들어대던 교실

어느덧 중년의 시간 속에서
간간이 보고 싶고 그리웠었나 보다

물과 바람이 쉬어 가던 산골짜기 마을
한 집 한 집 기억을 하면서
이제는 작아 보이는 운동장
졸업하고 중학생이 된 친구들 모습

느티나무 뒤에 숨어서 바라보았던 나는
텅 빈 운동장에 한참 서 있었다
그 시절에 뛰어놀던 생각에
지금도 마음은 청춘이다

지팡이

우리 동네 홀로 계신
팔순 할머니
검은 지팡이 짚고 동네 한 바퀴 돌다
잠시 가게 앞 의자에 앉으니
어렴풋이 꽃답던 젊은 시절을 떠올린다

오늘따라 먼저 간 영감님이 생각나는 듯
지그시 눈 감으시고
나의 손을 놓고 가시던 날
애잔한 눈으로 지그시 바라보다 떠났다

바람같이 흘러간 지난 세월을
뒤돌아보는 할머니 손엔
어느덧 남편 손대신
지팡이가 친구처럼 들린 채

저물어 가는 시간 속에
오늘도 홀로 서 있다

사노라면

밤새도록 이리 뒤척 저리 뒤척
쓸데없는 생각에 잠긴다
산다는 게 별것도 아닌가 싶다가도

이 걱정 저 걱정 시달리다
궁상을 떨다 보면 어느새
머리가 지근거린다

어려울 때나 즐거울 때도
몇 고비 삶의 고개를 넘고
넘었는데 생각하면
괜스레 미소를 짓게 된다

그러나 이젠 하나씩 조금씩
정리하고 버리는 연습이 필요하건만
마음속에선 버려지지 않는다

담아 두면 가슴이 시리고
어디 그렇게 산다는 게
좋은 일만 있을까 싶기도 하다

물빛 그리움

눈뜨기 싫은 새벽
밖의 빗소리는
나를 깨운다

저 빗소리는 나에게
무슨 말이 하고 싶은 것일까

작년 이맘때쯤
친구를 떠나보내고
표현도 없이 그저 울음만
토해 내며 보내는
마음도 아쉽고

하염없이 눈물 흘리며
그리 쉽게 간다는 게
믿어지지 않아서

친구의 미소가
지금도 아픔으로 다가온다.

부부의 관계

수줍던 시절
떨리는 손을 잡고
함께한 세월이 육십 고개
넘으니

더는 함께 못 가겠네
한때는 애잔한 눈으로
바라보다가도
한숨이 먼저 나온다

어디에 반해서
검은 머리 흰머리 되도록
약속은 왜 했던가

지금 곁에 있는 사람이
가슴 설레던 그 사람이
맞는지

님이라는 글자에
점하나 붙이면

남이 되고 만다는 유행가 가사가
생각이 난다

이제는 더 같이 못 가겠네
두고 가자니
마음이 안 놓이고
밉거나 곱거나 같이 갑시다

참
웬수가 따로 없네
저무는 노을이 산을 넘어간다
서서히 그 곁을 내어 준다
쓸쓸하지 않도록 손잡고

부부란 그래서 백년해로한다지

오월의 행렬

오늘따라 유난히 생각나는 사람을
찾아가는 길목에서 뭉클한 가슴이 뛴다

언젠가부터 한 달에 한 번 인사하며
집으로 돌아오는 시간이 의무가 돼 버렸다

아버지가 보고 싶다
그 많은 세월 결혼하고 자식이 커서
부모가 되니 후회스럽다

살아 계실 때 잘해 드렸어야 했는데
그땐 너무 어려서 미안한 마음이 앞을 달린다

며칠 있으면 어버이날
아버지는 딸이 오는 것을 아시는지
봄바람 앞세워 야생화가 손짓한다

납골당에는 오늘따라
효자들이 줄을 잇는다

모래 탑

오늘도 모르며
내일도 모른다

오늘은 마음에
모래 탑에 꿈을 펴보고
내일은 또 다른 탑을 쌓고
스스로 무너뜨린다

오늘 다르고
내일 또 다른 생각
무엇을 찾고 있는지

하늘을 뚫고 올라가는
성냥갑 고층 아파트
낮은 곳에 사는 사람들도
내일에 절실한 꿈을 꾼다

모래 탑이 아닌
자신만의 인생을 꿈꾼다

역마살

나의 이기심이 너를 보면
저절로 고개가 숙여진다.
눈뜨면 가방 메고
역마살 낀 전국이 일터였다
그대만 보면
한쪽 가슴 한편이 시려오고
인연의 끈 삶이 만나서 살아보니

어릴 적부터 가난으로
일밖에 모르는 가장이 된 사람을
가슴으로 껴안고
두 눈 지그시 감는다

힘든 일터에서 땀 흘리는
그대가 힘든 줄 난 몰랐다
나이 든 모습 바라보며
눈물이 쏟아지는 그림자

안간힘 흐르는 혼자의 넋
지금은 결코 혼자가 아니다
떨림 앞에 고개 숙인
두 글자 널 사랑한다

난 그대를 보면
아직도 가슴이 떨린다

봄

문틈 비집고 찾아왔다
아직은 자리 털지 못한 겨울이
아쉬워 서성인다
내 마음속 핀 잡풀이 고개를
내민다

살랑대는 봄바람에
꼬리 흔드는 너를 향해 웃는다
지금 세상 갈림길 앞에 나는
서 있다

따스한 널 만나기 위해
어서 오렴
어디서 기다렸을까
추운 겨울 보내고 찾아온 너

올해가 가면 너와 헤어지겠구나

커피 한 잔

오래된 탁자 위
차 한 잔에 여유를 가져 본다
어제 안개비에 울던 일들
가라앉히며
티스푼으로 젓는다

커피잔에 묻은 얼룩이
한순간 내 모습 같아서
조금은 뭉클한 심정이
마음까지 쓸쓸해진다

창가에서
날 마주 보고 있는
하루의 시간이 움직이고
공기는 나를 부르며
꽃잎에게 수다를 떤다

아마도
내 마음과 이심전심이겠지.

아들 어깨

연탄재 깔린 골목길에
아이들과 줄넘기하던 나
할머니는 아이들 틈에서
나를 찾아내신다

어린 나이에 하늘나라 가신
어머니 대신 늘 내편이셨다
그래서 나는 씩씩했다

세월이 흘러
한 아이의 엄마로
낮에는 직장 다니며
가정을 꽃피우며 살아가고 있다

오늘은 남편과 아들하고
포장마차에서
소주와 빈대떡을 먹으며
듬직한 아들 어깨가 포근하고

아들은
엄마의 마음을 감싸안았다
사랑하는 내 아들아
엄마는 너의 마음을 잘 안다

부모를 사랑하는 아들아
나도 아빠도 너를 사랑한다

피는 못 속인다

세월은 나이를 먹고
엄마를 닮은 나는 이미
엄마를 닮았다

젊어서 몰랐던
엄마의 그리운 마음
시간은 낯선 나의 모습을
바라본다.

어느덧 육십 중반을
넘겨 버린 내가
엄마를 닮았는지
나 또한 꼭 닮았다

나의 엄마를

봄 추억

유채꽃 노랗게 물들고
하얀 목련 젖가슴마냥
봉긋 바람 따라 춤춘다

부끄러운 앳된 봄바람
첫사랑 첫나들이
고운 머리카락 휘날리며
젊음 타고 날아오른다

청순한 마음이 옷자락을 타고
점점 하늘 높이 날아올라
가슴 뜨겁게 심장도 뛴다

코끝 찡하게 벅찬
봄의 향연도 함께 달려온다
하얀 햇살도 추억을 그리며

봄은 그렇게 찾아왔다

편지

엽서 한 장 보낼 곳도 없는데
지나치다 멈춘 발걸음
빨간 우체통을 바라본다

쉼 없이 달려온 시간들
그리운 이름만이 눈앞에서
아롱거린다

어느 날
잔잔히 울리는 기타 줄처럼
날마다 하나씩 늘어나는
그리운 흔적들이 새삼

보고 싶은 설렘으로 다가오며
어느새
추억들이 밀려와서
나를 흔들며 지나간다

마치 글을 쓰는 내 모습이
연필 한 자루, 작은 글씨들
이때부터 글 쓰는 연습을 했다

그래서 지금 시인이 되었다

빨간 우체통

3부

삶의 길목

갈증

마셔도 갈증이 난다
마음은 더 많이 타들어 가는
목마름

채우려는 욕망의 끝은
어디일까
마음속 그릇은
이미 넘쳐나고
비우면 예쁜 것만 담는
그릇이 되고 싶다

글을 쓰고 지우기를 반복하고
어릴 때부터 유난히 좋았던
나의 유일한 놀이터
매일 글 연습을 한다
살아가는 희망이 떠어 쓰고

지우고 다시 쓰고
갈증이 심할 때쯤
마음을 가다듬고

하루의 일기를 써 내려가며
글 쓰는 물고를 잡는다

채우고 비우기를 반복하듯

둥글게

넘실대는 파도의 수평선
흰 속살 내민 거품들
수많은 조약돌 이 수천
수백만 각인들 서로 껴안으며

둥글게
온몸이 하얗게 부서지며
흔적 없이 파도에 쓸려 사라진다
인생도 그렇게 둥글게 흐른다

그렇게
유유히 시간이 흘러가듯
차곡차곡 빈 마음 다스리며
둥그런 세상 속으로 젖어 본다

지구가 동그랗게 돌아가듯
둥글게 사는 연습을 한다

로또 복권

살아가는 동안 지치고
힘들 때마다 기웃거리는
일확천금 로또 복권

어느 날
오천 원 주고 산 복권
콩닥콩닥 설렘이 밀려 온다

많은 것도 바란 적도
헛된 욕심도 꿈꾼 적 없는데
신기루 세상 펼쳐진다

일주일의 행복이 일 년을
쓰고도 남을 행복이었습니다

젊은 스님

어느 추운 겨울날
젊은 스님이 앞서 간다
빡빡 깎은 머리에는 회색
털모자를 쓰고 있었다

그 발걸음이 어찌나 빠른지
등에 맨 걸망 끈이 흘러내려서
걸쳐 있었다

이른 새벽
불당에 불이 켜지며 청명한
목탁 소리가 산사의 정막을 깬다
구슬픈 독경 소리가 구천의 영혼
에게 위안을 주며

그 어떤 것과도 대립하지 않는
이미 해탈된 자신을 바라보며
바람 속에서 소리 내는 풍경 소리가
산등성을 넘어간다.

가는 시간과 세월

길은 가다가도 가도 멀다
한동안 뒤도 안 보고 달려갔다
기억 저편 또 다른 시간
한참을 생각했다
나를 기다리는 긴 시간을
다시 뒤돌아보니 세월도 빠르다
삶의 테두리 안에서
잠시 잊고 있던 젊은 기억

아직도 가는 시간이 아쉽다
세월이 너무 빠르게 달려왔다
지나온 시간 보다 남은 시간들
친구가 그립고 추억이 그립다
세월은 잡을 수 없어도
앞으로 남은 시간은 잘 쪼개서
새벽종이 울릴 때 나는 눈 뜨고
하루를 그림 그리듯 설계한다

똑딱똑딱 가는 시간 난 또 잠든다

꽃보다 할매

꽃보다 할매가 더 예쁘다
할매 꽃을 좋아하세요
좋아하지 나도 여자인데

자그마한 얼굴에서
주름 하나하나가
그녀의 인생을 말한다

오랜 시간 작은 시골 마을
인적도 없는 곳 전방을
하면서 사람이 좋아서
고맙소

할매 뜰에는 사계절이
있다
봄이면 만물이 소생하는
이 꽃 저 꽃 만끽하며

가을이 오면 낙엽이
닳아져서 앙상한 나무

는 자신과 같은 쓸쓸함 속에
살아온 삶을 회상한다.

긴 뒷마루에 누워서
흘러가는 세상을 보며
인적 없는 시골 마을에서

마지막 인생을 회상하며
시간의 빠름에
긴 한숨 소리가 저녁노을 속으로 함께
서서히 산등성을 넘어가고 있다

늙은 여인

젊은 시절은 호기심 많은
끊임없는 세상 욕심과 욕망이
나를 사랑해 주길 채근하는
철없는 여자

이 나이가 되고 보니
제자리에서 맴돌고 있는
자신이 한심하지만

생각해 보면 세상 하고 싶은 것
조금은 성취하며
욕망에 눈이 멀었던 시절
철없고 무모한 호기심 열정
몸부림도 모르고 밤샘 설치던 시절

뒤돌아보면
흔히 말하는 욕망 명예
감각적인 삶에 즐거움 치열한 욕심

살아 보니
그런 것들이 가슴을 뛰게 한다는 것
지금은 세상 물욕 없는
호기심조차 없는 늙은 여인이다

아직도 호기심 욕망
마음속에서 꿈틀대지만
이제는 자신을 사랑해 줘야 할 사람은
오직 자신뿐이다

엄마의 김치

자식에게 엄마는
넓은 평야다
모든 것을 껴안아 주는
평야다
열 손가락 어느 손가락
하나라도 모두 소중하다

엄마는
잘 구워진 고등어
탈날까 자식 입으로
머리는 언제나 엄마도

어느 날
빨랫줄에 걸린 예쁜
속옷 깜짝 놀라면서
우리 엄마도 예쁜 옷
입을 줄 아시는구나

바람 부는 빨랫줄 바라보며
눈물이 핑 돈다
엄마는 자식에게
언제나 넓은 평야다

안개꽃

그리움
가슴속에 숨겨놓고
사랑했던 마음 닮은 꽃
내 사랑

마음대로 떠나고
마음대로 피고 진들 숨겨진
가슴에 피였다 진다.

바람에 스쳐
그 이름 듣기만 해도
뜨거운 가슴 녹아내리며

모락모락 입김처럼
홀로 핀 꽃
아련히 눈물짓는 여린
하얀 꽃

사랑의 유효 기간

결혼은 약속이다
살다 보면 어제부터 재미없어졌는지

벌은 또 다른 꽃으로 날아가 버리고
남은 꽃은 꽃물에 빗장을 친다

비바람 맞으며 애쓰던 삶도
어느 날 순간 벼락과 천둥으로
흩어져 버리고

인연이란
이렇듯 미묘한 줄타기다
사람의 마음은 황포 돛배인가

나를 닮은 너에게

바람만 불어도 인생이 흔들린다
세상 숨은 그림 찾듯 꽁꽁 숨어
그리움은 안방 가득한 가을 냄새가 난다
콧등까지 노크하는 억새 풀 냄새
아직도 어린 소녀 인양 즐겁다
세상 살아가는 나를 닮은 너에게
인기척 없는 오늘을 부르고
바싹 메말라 쌓인 가을도 부른다
가을은 눈 돌릴 틈 없이 가려 한다
아직도 마음이 여린 나에게
손 흔들며 가냘프게 시간을 깨우고
억새 바람은 넋 나간 듯 모른 척 한다
네 마음 귀퉁이에 서 서
뜀박질하며 바람은 억새풀 흔들고
시인의 문장도 함께 달린다

문 밖에서
가을도 나를 오라 한다

복잡할 때는 쉬자

창가 스치는 바람
화분에 봄님이 잠잔다
파란빛 아장아장
바람 부는 날 쉬게 해 줄게

지나가다 지친 날갯짓만큼이나
봄아 쉬어 가라 마련한
베란다 창살 스친 화분에
내 마음 나도 모르는 날

인정 섞인 바람아
인생 지나가듯 같이 쉬어 가자

아버지의 마음

아버지 눈에는 눈물이
보이지 않는다
아버지가 마시는 술에는
항상 보이지 않는 눈물이
절반이다

아버지는 가장 외로운
사람이다
저녁이면 바람 들어올까
문 닫으시고

세상이 시끄러우면
줄지어 않은 참새 마음으로
앞날을 생각하신

아버지 눈에는 눈물이
보이지 않지만
한 잔 술에 마음 달래며
세상에서 가장 외로운
사람이 아버지이다.

봄봄봄

봄이다
눈이 부신 햇살 속에
오색 꽃 얘기가 온 산에
가득하고

고운 손으로 한입
따서 꽃주 담그고
못다 한 사랑의 꽃 작약
꽃잎 따서 꽃주 담그고

아카시아 순백의 향기
에취 하니 바람이 지나가다
등을 톡 치고
저 멀리 달아난다

외딴 길목 작은 꽃잎
한들한들 고개 저으니
지나가다 탐내는 이 있어
줄기에 작은 가시

언젠가
꽃잎 따서 만든 꽃주
임 그리워 한잔
사는 게 힘이 들어
한잔 마시니

나는 꽃잎에 취하고
말았다

도심에서 외출한 꽃물

담장 아래 활짝 핀 봉숭아
옹기종기 붉은 꽃 뽐내는 여름
민민한 내 손에 피었다

계절 따라 훌쩍 피고 지고
한낮에 영롱하게 피어 너울 춤추고
파란 잎 수줍게 얼굴 내민 꽃

꽃잎 따서 콩콩 찌어 백반 넣고
손톱에 하나 얹고
엄지손가락 굵은 실로 칭칭 감아
봉숭아 물들인 손가락 잠을 설친다

긴장 탓인지 살갗에도 물들인
고운 내 손톱
일 년 열두 달 주름진 할머니 손끝
고운 마음 그때가 그립다

바람 부는 날에는

바람 부는 날에는 창가에
화분을 놓아야겠습니다
봄님이 쉬었다 가게요

바람 부는 날에는 울 창가에
화분을 놓아야겠습니다
지나가다 지친 봄바람
쉬었다 가게요

바람 부는 날에는 창가에
화분 하나 놓아야겠습니다
지나가다 떨어진 나뭇잎
쉬어 갈지 몰라서요

바람 부는 날에는 창가에
화분 하나 놓아야겠어요
내 마음이 복잡할 때면 나도
모르는 내 마음도 쉬게요

바람 부는 날에는
세상 풍파 섞인 이름 모를
그 사람도 쉬어 갔으면 해서요

시간에 기대어 삶을 짓다

시간에 기대어 살자고
오늘도 내일도 미래도
그렇게 살자고
정답도 없고 틀린 것도
없는 인생이다

어느 날
시간 속에 버려진 나뭇잎처럼
인생도 추억도 잊힐
세월 속으로 모르는 채 달아나고

그렇게 추억은 잊히고
아쉬운 시간 속에 사랑인 줄 알았는데
사랑이 아닌 것처럼

허둥지둥 그렇게
잡을 수 없는 세월 속에
아릿한 내 모습도 시간 앞에
무릎을 꿇는다.

삶의 길목

아무리 자유로운 세상이라도
보고 싶다고 달려갈 수 없는 것처럼
밀리고 밀려가는
세상살이에

여행도 아닌
볼일도 없는 발걸음에
힘을 실어 보면서
골목길 돌아 줄기찬
숨소리에 헐떡대기를 한참

이젠
달려온 세월이 너무 힘겨워서
육신이 녹슬고 마음이 녹슬고
패물이 되어 간다

그러나 존재한다는 것을
내 육신 속에서 외친다
자꾸 외친다.

빨간 우체통

4부

가을비에 젖는다

봉숭아 꽃물

민민한
활짝 핀 봉숭아꽃 담장 아래
옹기종기 핀 꽃

세월이 변해도
여름 한낮에 피는 분홍빛
빨간 꽃 파란 잎과 어울려
피고 지고

꽃잎 따서 백반 넣고
콩콩 찧어 손톱에 올려서
실로 칭칭 감고 나니
손톱이 아려 온다

열 손가락 꽃물이니
일 년 열두 달 고운 내 손톱
주름진 할머니 손
손끝이 곱다
마음은 물보라 그때가 그립다.

깃털 같은 삶

한때는
몸을 묻고 하늘을 나는
깃털처럼 바다에 잠기고 싶다

인적 드문 바닷가
하루 채웠던 공허한 시간
소소하게 가진 모든 것 풀풀 털어서
가벼워질 수 있다면

근거 없이 시작되는 열병도
치유할 수 없어
무게로 쌓인 마음은 날 수가 없다

무엇이 잡고 있을까
그것은 바로 묵은 삶
찌꺼기 꽉 찬 오만과 욕망

식지 않는 욕망의 늪에서
비우지 못한
욕심이 있기 때문일 것이다

나는 가볍게 날고 싶다

내 그림자

오늘도 나는 내 그림자와
동행을 하다
꼭 붙어 다니며

외로울 때나 즐거울 때도
함께 숨을 쉰다
설익은 삶 속에서도
고난의 여정 속에서도

침묵을 금으로 믿고
푸념 한마디가 없다
그렇게 묵묵히 나를
따라 준 나의 분신이다

남은 길 언제쯤 얼마만큼은
모르지만 나와 함께 한 영혼은
나의 동반자다
나의 그림자다

버선목

살다 보면 가끔씩
억울함도 생기고 그때마다
마음의 상처로 남고

자신도 모르는 일에 연연하며
이럴 때는 어찌해야 하나
예전에 할머님의 중얼거림이

버선목 일하며 하시던 그
말씀이 생각난다.
뒤집어 보여 주기라도 하면
마음이 편했을까

몸에 생긴 상처는 쉽게
치료되지만 마음에 생긴
상처는 오래가는 법

울고프고 답답할 때면
떠올리는 버선목
어디까지가 신뢰일까
어디까지가 진실일까
생각을 해 본다.

스치는 추억

순간 스치는 생각도
문득 그리움으로
다가와

보낼 곳도 없는데
편지도 써 보고
새록이 들추어서 보일 듯
마음도 비춰 오건만

다시금
매 시간마다
그때의 추억이 그립다

아내의 빈자리

달빛 부서지는 밤
몇 해 전 떠난 사람
그리움으로 밀려온다

아픔 야위어 가고 있을 때
잠자듯 그렇게 가 버리고
소중했던 사람 떠난 후에야
미안함만 가슴에 자리 잡고

긴 세월 잊을 때도 되었건만
문득 당신이 그리운 날
이 밤 끝자락 뭉클함이 그리워
잠 못 이루는 잠 청해 본다

능청스러운 하루가 흘러가듯

여로

다가오는 것은
선명치 않으며
지난날도 되돌아오지 않는다
긴 여정에서 꿈속을 달린다

하룻길 일상에서 빠져나와
낯선 곳에서 찻잔과 마주하면서
젊은 날 회상 속
사랑과 마음속 기억들
지금 나서는 길이 낯설지 않다

기억의 저편
어디론가 여행을 떠나고
세월 지켜주는 시간과 다시
돌아온 바람이고 싶다

긴 시간 짐을 풀어 놓으며

시간에 기대어 삶을 짓다

시간에 기대어 살자고
오늘도 내일도 또 미래도
그렇게 살자고
정답도 없고 틀린 것도
없는 인생이다

어느 날
시간 속에 버려진 나뭇잎처럼
인생도 추억도 잊힐
세월 속으로 모르는 채 달아나고

그렇게 추억을 잊히고
아쉬운 시간 속에 사랑인 줄
알았는데 사랑이 아닌 것처럼

허둥지둥 그렇게
잡을 수 없는 세월 속에
아릿한 내 모습도 시간 앞에
무릎을 꿇는다.

시간의 늪

밤새
뒤치락 잠을 설친 밤
비몽사몽 창문 열자
코끝으로 가을 향기가 들어온다.

시차 속에서
오늘과 내일 매일
깨달음을 준다

여름의 끝자락
더위 사냥으로 바다는
아무 말 없이 밀려왔다
가 버린다

무슨 의미의 뜻일까
산다는 게 인고의 나날뿐
생각할수록 더욱 야속한 시간뿐이다

어느덧 해가 지니
어두운 바닷가에는 거센
파도 소리가 가을하늘 적막을 깬다

시간의 빠름과 느림 속에서
하얀 백지에 점 하나 찍고
그래도
버릴 것도 없는 시간 속에서
끝임없이 찾아 헤맨다
나의 자아를

봄비와 아침

소리도 없이 봄비가 내린다
밖으로 나가서 빗줄기를 본다

젊어서는 세상이
무섭지 않았던 시절
지금은 오는 시간
거부하지 않는다

젊음은 영원하지 않다는 것을
왜 이제야 알았을까
오만과 자신만만할 때
얻으리라

오늘 하루 길목에 봄비가
조용히 내린다

이제 고개 내민
작은 제비꽃 보라색 꽃
나는 할미꽃

그렇게 짧은 청춘은
뒤돌아보는 뒤안길에서
늙어 가는 중이다

전망 좋은 집

어둠은 서서히
여명이 밝아 온다
아직은 불빛이 어둠에
하나둘 꺼져 있다
가깝고도 먼 숲속 매미 소리
새벽을 여는 한여름이
시작을 알린다

그녀는 이십 층에 살고 있다
아침에 전망이 넓은 세상
마음에 위안이 되곤 한다
도시의 거리를 비추던
가로등 불빛 높은 곳 아니면
볼 수 없다

지구는 어느새 낮은 곳보다
높은 곳이 하늘을 찌르듯
삶을 더듬는다
낮은 삶의 사람들은
또 낮은 곳 찾아 떠돌고
숨이 막혀 온다

길가에 콘크리트 사이사이
잡풀도 안간힘 쓰고
고개를 내밀며 숨을 쉰다
지금도 이슬에 땀을 식히고
시간은 돌고 돈다
저 붉게 물든 저녁노을이 서럽다

바람꽃

바람이 불어오면
바람꽃이 되고
눈이 내리면 눈부신
눈꽃이 된다

마음이 예쁘면
모든 세상이 아름답게 보이고
햇볕 헤집고 골라 먹은 온기가
함박웃음을 짓는다

시인의 예쁜 얼굴은
착한 눈송이 마음처럼
그리움을 남기듯
세상을 바람 따라 떠난다

가을비

가을비가 내리면 좋다
가을비를 맞으면 조금 슬프지만
가랑잎 적시는 비 냄새가 난 좋다

가을비가 온다는 것은
지난 추억을 깨우고 천천히
낙엽의 앓는 소리가 들리는 것
같다

짓궂은 바람이 불어오면
목적지도 없이 세월 따라
눈물도 계절 따라 굴러서 날아간다

비가 내리면
헐벗은 나목이 외롭듯
기억 따라 나도 슬프다

그래도
나는 가을비가 좋다

아내의 빈자리

달빛 부서지는 밤
몇 해 전 떠난 사람
그리움으로 밀려온다

아픔 야위어 가고 있을 때
잠자듯 그렇게 가 버리고
소중했던 사람 떠난 후에야
미안함만 가슴에 자리 잡고

긴 세월 잊을 때도 되었건만
문득 당신이 그리운 날
이 밤 끝자락 뭉클함이 그리워
잠 못 이루는 잠 청해 본다

능청스러운 하루가 흘러가듯

오늘따라 생각나는 사람

부모님 찾아 가는 길목
지나가는 글귀가 눈을 멈추게 한다

오늘도 아닌 어제도 아닌
매일 매일 생각나는 부모님
오늘따라 살아있을 때 효자보다
돌아가시고 난 후에 효자가 많다고
하신말씀이 생각난다
그립고 또 보고 싶어 찾아간 곳
오래전에 자식 혼사날찍은
사진만이 우리를 반기신다

떡도 술도 못 드리고
마음만 드리고 돌아왔다
참전용사들만 계시는 곳
무궁훈장 하나 없는 용사다

부디 편안하시길...

빨간 우체통

5부
시간 속에서

빈 가슴

내 가슴은 빈 깡통이다
사는 동안 이리저리 채이고
이제는 찌그러진 빈 깡통이다

어려운 인생의 무게로
누군가에게 기대고 싶은 때도
시린 바람은 낯모르는 사람처럼
무심하게 지나간다

견디기 힘든 서러움도
머물다 가는 길목에서
놔 버리는 게
사람 마음이며 나약한 인간
그 자체다

이젠 너무 많은 걸
담아 두지 않으련다
이렇게 가슴이 텅 비워지면
끝없이 사랑하고픈 마음이
저 밑바닥에서
새싹처럼 피어오른다.

찔레꽃 찻집

외딴곳 산골짜기에
하얀 찔레꽃 찻집

창문을 열면
찔레 향기로 가득하고
산모퉁이 돌아
불어온 바람에 작은 꽃들의
향연이다

오가는 이는 없어도
바람과 산새들이 손님이 되어
마음에 꽃이 피니
사람이 아름답다

꽃으로 바람으로
살아간다면
나는 세상 부러울 게 없다.

시간의 톱

하루해가 속절없이
저무는 저녁 집집마다
저녁 준비로 달그락달그락
정겨운 소리가 하루를
마감하고 있다

삶이 바람이던가
어둠이 서며 내리고
수놓은 별빛만큼
따듯했던 당신
툇마루에 앉아서

두런두런하시던 말씀이 생각난다
할머님은 세월이
바람같이 지나간다며
긴 한숨을 토해 내셨다

그렇게 문득 스치는 바람결에도
그때는 몰랐다
어느덧 어둠 속에서
달이 기지개를 펼치며
깊은 밤 꿈속으로 잠든다.

도시의 탈바꿈

이른 새벽 먼동이 트기 전
한 집 두 집 불이 켜지면
재개발로 새집 짓는
하늘 가까운 아파트

헌 집 주고 새집도 못 들어간
애석한 사람들은 어디에다
둥지를 틀까

사람 사는 냄새가 나는 우리 동네
골목 한 귀퉁이 분꽃이 피어 있다
정겹던 이웃 모두 떠나고
다시는 모여 살 수 없는 동네

아침이면 동네 정적을 깨는
누렁이 힘찬 울부짖음도
사라져 가고 동네 한 바퀴
힘 모아 뛴다

누렁이의 짝 복순이가 해산을 했다
축복해 주는 동네 아낙들은
어디로 갔을까

누렁이 애타는 울부짖음도
뒷산에 메아리로 되돌아온다.
또 복순이의 슬피 우는 소리만이
허공 속을 맴돈다

포근함도 굳게 문 닫는 곳에서!

시간 속에서

오늘의 하루는
어제의 하루보다
누군가 절실하게 그리던
오늘의 시간이다

엊그제 파란 운동화 신던
계집아이는 오늘은 머리가 하얗다
시간을 붙잡으려 해도 붙잡지
못한 시간에 눈을 뗄 수가 없다

마냥 흐르는 시간
오늘도 또 내일도
어느 누군가의 간절한 인생사
그저 앞만 보고 가던

젊은 유년기를 지나
지금은 성장기를 넘어
중년보다 더 긴 세월을 지났다

그래도 그 시간들이 아쉽다

낯익은 추억

툭툭
떨어지는 빗방울
눈을 감으니 더 가까이 다가오는
낯익은 소년의 모습

검정 고무신 벗어
빗물받이로 어느새 가득 고인 빗물
어린 시절 추억이 성큼성큼
필름처럼 돌아간다

시간을 아무리 잡으려 해도
잡히지 않는 숨바꼭질
눈 감으면 어린애마냥
눈 뜨면 도망가 버리는 어린 시절

빗물 속 하얀 물망초
나를 방긋 바라보며 말이 없다
나를 잊지 마세요 하듯
내 소매 끝을 잡아당기고

휘리릭 그 시간이 사라진다

굴레

모자란 사랑
어쩔 수 없는 사람을 사랑하며
아파하고 살아갑니다

외로워서 사람을 믿고
고독해서 사람을 좋아하고
사랑받고 싶어서

이제는 이런 구차한
사랑을 구걸해 봐도
사람은 변하고

한때는 미쳐도 보았고
한때는 그 사람 없으면 죽을 것
같았어도

변하는 마음은 뜬구름 아니었으면
서로 보듬는 마음은
누가 뭐라고 해도

항상 그 안에서 기다림은
우리네 인생입니다

가을비에 젖는다

가을비가 내리면 좋다
항상 좋을 수는 없지만
가을비를 맞으면 조금은
슬프지만 기분은 좋다

가랑잎 적시는 비 냄새가 좋고
가을비가 온다는 것은
낙엽의 신음 소리가 들리는 것
같아서 새로운 상상을 한다

짓궂은 바람이 불어오면
정처 없이 목적지 없이
훨훨 발길 닿는 대로
굴러서 날아가니 난 좋다

가을이 주는 싱그러운 냄새
빗소리 들으면서 물 튕기는 소리
이 모든 소리가 마음을 울린다

멀리서 들려오는 풍경 소리
내 가슴도 뛴다.

억새풀

찬바람에 나부끼고
빗줄기에 흔들려도
억새가 되기까지 서럽던 마음

억새 닮은 엄마 또 하나의 이름
가슴속은 헐벗은 들녘을 헤매어도
속이 텅 빈 갈대를 보며

마음은 갈대처럼 흔들려
보고 싶은 여자의 마음
억새 닮은 이름 앞에서

소중한 자식 말고는
무서울 게 없는 억새 엄마
나는 힘들어도 내색 없이

강하면서 약한 엄마

석양

석양이 아름다운 것은
아직도 못 다한
그리움이 남아 있기 때문 입니다

석양이 붉은 것은
그대의 사랑이 남아있어
못 다한 흔적입니다

지금도 그대를 잠시도
잊지 못해서 석양이
지평선 너머로 숨는 것은

그대를 위해
태양이 떠오르며
그대를 향해 타다 남은

사랑에 흔적입니다

나는 상을 탄다

상이라는 것은 누가 받는가
늘 겸손한 마음으로 살아가는
삶이 서로 이해하는 마음이려니
상을 받고 싶어도 못 받은 사람도 많다

상은 누구나 받으면 좋지요
나도 상을 타고 싶다
열심히 달리고 나를 낮추는 길
나는 살아가는 길을 열심히 달린다
달리다 보면 또 다른 세상이
나에게 다가온다

별빛이 환하게 내 모습을 밝힌다
나는 글을 쓰려고 노력을 한다
아마도 죽을 때까지
인생을 표현하는 것이 앞으로 삶이다
글은 내 애인이다
제2 인생을 사는 나는 행복하다

글은 감동을 준다

글을 길게 쓰다 보면
너무 긴 글은 이해가 안 된다

몇 글자라도
이해를 하게 쓰고
남의 마음을 잘 읽고 써야 한다

서로 마음을 들여다보기는
나 또한 무리수다
글에 대해 나는 잘 모르지만
그래도 글을 사랑한다

글을 쓴다는 것은 계속 노력하는 것
퇴고와 다시 쓰고 고치는 것
마음으로 잘 터득을 하며
글을 이어 간다

글은 내 운명이다

우리 집 1등 아빠다

내 남편은 집 안 청소를 해 준다
성애병원에 다녀왔는데 걱정하지 말고
잘 생활에 조절하며 매번 1년에 한 번씩
정기 검사를 하라고 했다

식구들은 다들 걱정을 했는데
아무 이상 없다고 하니 좋다
마음이 한결 좋다

우리 집은 우리 신랑이 대청소를 해 준다
물걸레질도 얼마나 깨끗하게 하는지
집안일을 아주 잘 도와준다
같이 사는 동안 지금까지 한 번도
싫어하는 기색을 안 하고
항상 기쁘게 도와준다

하루 일과는 아침부터 나를 도와주고
베란다 청소도 깨끗하게 해 준다
이것이 우리 집 삶에 원동력을 불러일으킨다

화목한 가정은 우리 남편이 있기에
나이 들어가니 소중하다

남편은 우리 집 1등 아빠다

행복하게 살아가는 이유

우리 아들은 속을 안 썩인다
무엇을 해도 자기주장이 강하지만
아들은 판단력이 빠르다
묵직한 마음이 참 이쁘다
아빠하고는 잘 말을 안 섞지만
그래도 아빠에 대한 사랑이 깊다

여행도 좋아하고
우리 아들은 영어를 참 잘한다
엄마는 잘 못하지만 운도 좋은 노력파다

대학을 다닐 때도 속 한번 안 썩였다
항상 근면 성실한 아들이 자랑스럽다
자기 분야에 최선을 다한다

나라가 인정해 주는 정보과 자격증도 따고
엄마로서 아들에게 밑에서 밀어줘야 하는데
보탬을 못 해 주니 늘 미안하다

어렵고 힘들 때는 아들과 상의를 한다
아들과 이야기를 하면 잘 안 풀리던 일들도
술술 풀리는 것 같아서 가정도 화목하다

아들에게 더 잘해 주고 싶은 마음뿐
힘든 일도 물어보고 커피숍에서
아들과 대화를 하면 이런저런 일들이
나에게는 큰 힘이 된다

우리 아들은 항상 말한다
엄마 아빠가 건강하게 오래 사는 것
그것이 제일 좋다고 한다
마음을 서로 조금씩 알아가려니 이 또한
우리 가족 행복의 지름길이다

잘 살기 위한 노력파는 산다

누구는 고지식하고
누구는 너무 완벽하다
자기 고집 강하다
서로 동등한 입장의 말을 하고
살아가는 형편도 말하고
삶에 큰 도움도 받는다
나이가 들면 세대에 맞춰
그 흐름에 맞춰서 살아야 한다
지금은 더 나은 삶을 위해
많은 노력을 하는 것
그 힘든 시절 강한 마음보다
서로 믿고 살아가는 길
그 길은 지금의 내가 있는 것이다
누구나 힘든 시절이 있겠지만
우리가 살아가는 동그란 원 안에
희망을 생각하니 숨통이 트인다
앞으로 잘 살기 위해서는
내 옆에 누가 서 있는가도 중요하다
나 또한 남에게 도움이 되는
사람이고 싶다

마음이 편해야 내 삶이 행복하다